ARMON TAKAA KOKEMUS

runokokoelma

P Merivuori

ARMON TAKAA KOKEMUS

MIX
Paperi vastuullisista lähteistä
Paper from responsible sources
FSC® C105338

Kansikuva: Jade Amanda Matilda Sjöberg
Kuvankäsittely: P Merivuori
Kustantaja: BoD – Books on Demand, Helsinki, Suomi
Valmistaja: BoD – Books on Demand, Norderstedt, Saksa

ISBN: 978-952-33-9495-7

"AND IN THE END

THE LOVE YOU TAKE

IS EQUAL TO THE LOVE YOU MAKE..."

- Paul McCartney ♫ 

"The End" | Abbey Road (1969)

1

"NO MORE PENCILS

NO MORE BOOKS

NO MORE TEACHER'S DIRTY LOOKS

OUT FOR SUMMER

OUT 'TILL FALL

WE MIGHT NOT COME

BACK AT ALL..."

- Alice Cooper ♬ 

"School's Out" | School's Out (1972)

Turha on oikeinkirjoituksesta pillastua

Yhdistithän mojovasti

tarpeet ja jännittävän näytelmän

Päällisin puolin ylimääräinen on hyvä

ajassa, avustuksissa ja alkoholissa

Pulmia voikin sitten tulla

kiloissa, kromosomeissa ja

d-konsonanteissa sanan keskellä

Että yleisnäköala korkealta paikalta, se pyöröhorisontti

kirjoitetaan *panoraama*

SUTINAA

Vittua huutelet ja

pillunkuvia piirrät

Ulkovälkäksi parkkeeraat vessan peilin eteen

sitä yläpään värkkiä värjäämään

Ehosteet ovat hapuilevan tehosteet

Taidat omata maalarin vikaa

Nimenomaan vikaa

Yhteisvoimin saamme onnistumisen aikaan

Kaikki luottavaisin mielin porukalla mukaan

Kimpassa osaamme, kun tiedämme mitä teemme

Kannustakaamme toisiamme hyvään lopputulemaan

Hän joka uskoo menestykseen, nostakoon reippaasti

käteni

HAUKUN ONTOLOGIA

Jos kaikki opiskelu olisi leikkiä,

sinä vikisisit vinkuleluna

Mitä jos koko elämä onkin feikkiä?

Olenko minä

Jumalten

purulelu?

Silloin kun aivopinnistät innokkaasti

mutta mitään ei tapahdu,

näyttää siltä kuin ilmassa olisi

ummetuksen purkua ja

suolimutkia matkassa

Älä sure pikkuseikkoja

Harpataan niiden yli

Loikataan valikoiden

kompastuskivistä astinlauta

Silloin kun runnot menemään

koko helahoidon vasemmalla kädellä,

tuittu pahansisuisuutesi on

kansakoulun taululla kirskuva liitu

Kanssasi tuntuu kuin istuisi kylvyssä ja

amme kuumenisi tauotta

Sanat ovat ***tanat, pisarat roiskuvat ja

olet taifuuni-postiljooni

Myrskypäiviä kyllä riittää

muttei niitä tarvitsisi

alvariinsa

heti heittämällä jakaa

Viha on voimakas sana

Sitä ei käytetä

jos ei vain saa mitä haluaa

Maailma oli täällä paljon ennen sinua

eikä se ole sen tähden

sinulle mitään velkaa

mutta joka kerta

kun mukavuusalue loppuu,

ojentuu näkökulma

uuteen ikkunapaikkaan

Utelias haastaa maiseman ja

sisäinen halu epäonnistumisen

Rohkea mokan syö

DEJA POO

Saman paskan olen kuullut ennenkin

Jospa pidänkin tunkkini
Kuka teidät ylös nostaa?

Miten niin ikäloppu ja menneisyydessä syntynyt?

Ikä loppuu vasta

kun kumara kaatuu kamaraan

Syntynyt olen

edellisen vuosituhannen

viimeisen vuosisadan

jälkipuoliskon

keskiviidenneksen

ensimmäisenä vuonna ja

kyseisen merkkitapahtuman jälkeen

harva se päivä,

takiaisena takianne

kiihkolla uudelleen

Alkutunnista askarreltiin tunteella, innostukseen

tuli palo

Lopputunnista kuohui jo yli, sammuteltiin

tulipalo

Niin pitäisi vimmaansa varjella

että vanhana kestää kuunnella

Oikoteittä työnsä paremmin taitaa

Ei uhokaan kanna

ilman jussipaitaa

Pidemmän kautta kaartaen kulkee kärsivällisyys,

kyynärpäätaktiikalla

kiihtyvyys

PETOMAANI

Totta helvetissä nimittelee vierusta

jos sinä päästät äänet pierusta

Yritä siinä sitten rakentaa diplomatiaa

No ei haukku haavaa tee

Eikä paukku!

2

"THEY CALL ME THE SEEKER

I'VE BEEN SEARCHIN' LOW AND HIGH

I WON'T GET TO GET WHAT I'M AFTER

TILL THE DAY I DIE..."

- Pete Townshend ♫ 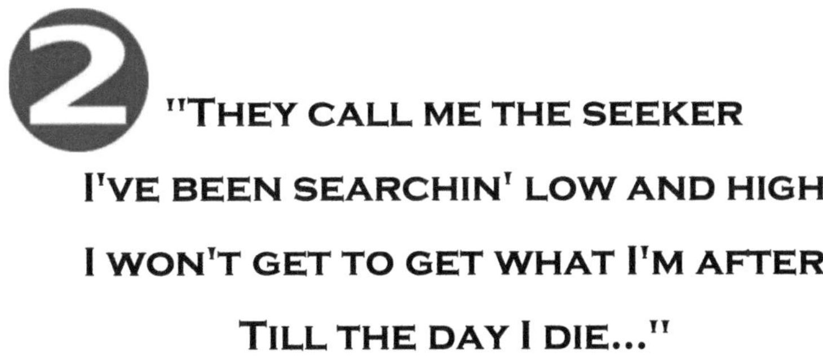

"The Seeker" | Meaty Beaty Big And Bouncy (1971)

Ilta kapuaa portaitaan

Pitkäveteisyyden väreillessä pyöreäreunaisena,
joutenolo hioo pois
äkkipikaisuuden rosot

Hengityksessä rohisee kadotetun rakkauden kaiku ja
matkallaan elämänjanoon,
lemmenjoen uuma
nääntyy poltteestaan kuivana

Tulevaisuus on karsinogeeni,
hajuton, mauton ja väritön hajoamistuote
jonka puoliintumisaika mennyt ohitse
jo vuosia sitten

Formaliiniin säilön toivon sukupuuton ja
mieleeni
kultamaan ambrosiaa

Muistoista rakennan uuden miehen osia

LUOJAN LYKKY

Niin on harhakuvitelmaa

eteenpäinmenon turvallisuus ja

asianlaitojen samanlaisina pysyminen

että ymmärryksessä kipristelee

avokämmenellä tirvaisu

Vaikka järki karaisee kanttia kestämään,

tunteen eksymisen pelossa

ei rohkene karata kauas

Kevät kulkee kiikun kaakun, kukinta horjuu

kanssani jahkaillen

Tänään olen pidemmällä kuin eilen

Sydämessä pesii tuikku

Valo näyttää tien kotiin

Eläminen *tässä ja nyt*

vaatii symbioosiin

rönsyilevän huolettomuuden

Useammin sitä vaikeroi sanoissa *ennen ja jälkeen*

Kun kääntyy muistikuviin,

ne tuijottavat hallitsevina takaisin

Kun tähystää tulevaan,

velvollisuudet polkevat alleen tavoitteet

Hetken hurmion uupuessa mitättömäksi,

olen ruuhkavuosiin hukkuva mies

Sisällöttömyys on vastenmielisintä selkeyttä

Se tarjoilee tyhjälle salille yksitoikkoisuuden pilkan ja

surun nektaripikariin

itkutilkan

PORUNTUOJA

Elämän jakauskohdissa

sisäiset resurssit ruinaavat itselleen

inventaarion

Pelkkä esteen huomaaminen on riittämätöntä

Kiertäminen ei helpota vahinkoa eikä vastauksia

Väistäminen ei palkitse katsetta eikä kysymyksiä

Syrjähypyllä ei ylitetä ojaa

Siinä missä taitokset

katkeavat helposti,

liitokset kiinnittyvät vaivatta

Väleissä lepäävät rakkauden tyyssijat

Koskettaen

risteykset haarautuvat

Ei ihmistä voi toinen ihminen paikata

Toista voi vain täydentää

Palasten kuluessa rikki,

ne pitää rakentaa ehjiksi uudelleen

Osien paikalleen asetteluun kannattaa pyytää jeesiä

Muutos on löydettävä itse

omasta ajastaan ja tilastaan

Liikaa ei kannata jäädä käsi ojossa ruinaamaan

Paikat puutuvat turhaan, painuu ryhti

kumaraan

Luottaa pitää lapsenmielisesti, nähdä

kulman takaa

kahjosti kajastavat

Systeemi kyllä yhdistää

harhaiset ja toivottomat

ADFIKTIO

Rutiinit tyynnyttävät mielen

Turvallisuus on varovaisen tikkukaramelli

Lähtiessäni ulos tarkistan ensin takaoven, sitten parvekkeen oven

Seuraavaksi irrotan kahvinkeittimen ja pesukoneen töpselit

Sen jälkeen käyn läpi takaoven, liesilevyt sekä laturien johdot

Viimeisenä varmistan kahvinkeittimen ja katson ulkoa käsin

etu-, taka- sekä etuoven

Murtautuisipa joku vertaiseni touhukas

yhtä määrätietoisesti ja

paikkojani koluten

sydämeeni

Olen alkanut arvostaa ihmisiä, jotka ovat löytäneet omat juttunsa

Tunnen haltialarppaajan, jättikurpitsankasvattajan ja

vanhojen jääkiekkokypärien keräilijän

Hurahtaminen on elämän kehto, siinä lepää

kasvun elinehto

Kun hulluuden siemen osuu pehmeään päähän,

sikiävä mielenkiinto parsii tulehtuneet ruhjeet ja

euforiasta tulee fertiili

Minuus vaalii arkisia kultahippuja

Läsnäolosta karttuu rikkumaton vaskooli

JÄNISHOUSU

Asettaessani aina

turvan ja varmuuden etusijalle,

en koskaan löydä ehtaa tarkoitustani

Persoonaan piilotettu tehtävä ilmestyy vasta

kun siitä karsii pois

kaikki sitä rasittavat tekijät

Jos joka päivä keksii oravanpyörän uudelleen,

muiden odotukset ovat häiritseviä välihuutoja

ja rahanhimo muuttuu ylikierroksilla kirskuvaksi moottoriksi

jossa riittämättömän suorittamisen jama

murjoo mielenvireen mustelmille

Silloin kun valitsee puolen, paljastuu

Jos ainoastaan selviää elämästä

eikö siitä silloin jää paitsi

Pahan olon kurkatessa sisään kauluksesta,

pakonomainen toiminnallisuus

katkaisee haurauden kärjen ja

tuhti tekeminen

kastelee sisukkuuden juuret

Kun olen liikkeessä, olen olemassa

Epävireen ikeessä paikallaan,

makaa pelkkä pelon massa

Täpinöissä järjestän vitriinit

Strutsinsulkapölyhuiskalla sohin posliinit

Lundiasta inventeeraan älppärit, listaan

puuttuvat sarjissankarit

Marjasmoothiesta loihdin vitamiiniviruksia

Päästän soluloitsut valloilleen, teen

invaasion hyvinvoinnin hoteisiin ja

rohkeudesta

pysyvän kulkutaudin

Lähimarketin siunatun palvelun kiertokulussa

retroseksuaali raikaa laitamyötäisessä: "Kesäloma alko kaks tuntii sitte!"

Totisesti paino sanalla Alko

Päivän lööpissä valittaa taas jokutähti – sometähti?

Hyllyjen välissä haluaminen on halpaa, luomukotimainen

Reilun kaupan gluteeniton Joutsenmerkki ei

Nyhtökaura on valloittanut kasvisruokavitriinin

Vegaani olen, mutta lihasta tykkään enemmän

Möisivät kylläisiä lihansyöjäkasveja, saisi kombinaatioita

Maksujonossa turvavälit rikkoontuvat

Maskiton on kastiton, tuijotukset iskuporaavat selkärankaa

Takana pukumies puntaroi varallisuuttani

Eikö se ole paljon rahaa, kun antaa kaiken mitä on

Nahkakukkarosta pörrää köyhyyden kärpänen

Kortti on luottoystävä

Ainoan setelin taitan kahtia, omaisuus tuplaantuu

"Kiitos ja hyvää päivänjatkoa!"

Automaattikassa ei vastaa

DEAD END
MISSING

"Waterloo Sunset" | Something Else By The Kinks (1967)

Suippokaarten goottilaiset ruusuikkunat, niiden

lyijylasimaalaukset

ohjasivat kevätpaisteen leikittelevät juovat

shakkilaattalattialle

ylimaalliseksi sädesommitelmaksi

Kattokouruissa valon keskeltä

demonigargoilit kuiskailivat kiusauksiaan:

"Vaikka kauneus koskettaa kyynelrajaa,

voi pimeyskin johdattaa!"

Joenpenkka torkkui elämänviisautta herättäen

Tulevaisuutta ei voinut hetken kustannuksella ennustaa

mutta ikuisuuden

tiedosti jokainen pyhiinvaeltaja

Père-Lachaisessa

monikaan ei ollut seurannut valmista polkua, olivat luoneet omansa

Mullan alla mietti Morrison:

"Olisi kirous olla tavanomainen!"

Sosialistinen realismi näytti mustavalko-värikartastolta

jossa betonikerrostalon sävy oli "krematorion tuhkanharmaa"

Bunkkerin rappaukset repsottivat rokonarpisina

kuin pakkotyöstä kehkeytyneet känsät,

Isän kädestä irti läimäytetyt

Stalinin kämmenellä totuus ei tarjonnut tulkintaa, pelkän totuuden vaan

sekä pitkän ajan suunnitelmia

lyhyen ajan tuntemuksista

Vastaan raahusti huivimummo ilman hampaita

Kuin maatuskat väärässä järjestyksessä sisäkkäin,

myllersi mielensä juurtunut sisältö,

demokratian aatteesta harhaillen

Vasta muuttuneet asiat olivat pysäyttäneet miettimään niiden tärkeyttä

Kohtalossaan kaikui loppuelämä, sekin hampaaton

kun vuosien kasvatus

piti kertapuraisulla

poisoppia

La Casa del Abuelossa

hiki lehahti tupakansavuisena parvena,

laskeutuen tapasleipien päälle

missä katkaravut ja valkosipuli vuorottelivat

oliiviöljyssä peuhaten

El Clásicon alettua kiima levitti lonkeronsa

Pupillit raiskasivat televisiota porautuvin katsein ja

pohjasakan sekamelskassa

sydämen johtolanka Raúl (7)

luikerteli kuin sisilisko häntänsä menettäneenä

katalaanimuurin keskellä

Puheenjorinassa ei yksinäisyys ollut alentunut onnentunne

vaan kerta toisensa perään

olut löysi minut, FC Barcelonan miehen,

hiljaisen sytytyslangan

3-0! Naama näkkärillä, Realin pettymystä asiaankuuluvasti näytellen,

heijastui tuopista

hymyntapainen

Moskainen vuorovesi ja Flanderin tasankojen puuskatuuli

pakenivat satamanosturien pirunsarvien väleistä

käsikynkässä ulapalle

Wapper-kujalla minä pakenin luovuuteen

Rubensin kapeassa kotitalossa, sen seinien päällä hajareisin

leveilivät pulleat naisfiguurit pähkinäpuukehyksin, flaamilaistapettina

kelpasi nauttia alla

Taiteilijan makuukammarista tihkui samettivaloa

Brueghelin irstailevaan apinatauluun

Juhlivia marakatteja yhdisti sietämätön joukkohimo

Museokaupasta valitsin tuliaiseksi vessan oveeni

Rembrandtin etsausprintin pissaavasta pariskunnasta

Muhkean kassaneidin avara kaula-aukko

sai keskikehoni muotokielen väräjämään

Löytääkseen prinssinsä oli takuulla suudellut

monta sammakkoa

Kaikkien jumalten temppelissä,

sateen tanssi osui pyhänä kimalteena

oculus-aukon pölyiseen valokeilaan,

sirotellen tihkuisen taikansa

betonistukkoreliefien syvänteisiin

Vallanhimossaan imperiumi haluaa ympärilleen tilaa

mutta valta vihaa tyhjiötä

Se vaatii jatkuvaa vaivaa

jottei särkyisi ja vuotaisi pois tyranniastaan

Hauraalle auktoriteetille sorto on pelon naamio

Siinä marttyyrit innoittavat, harhaoppiset ovat pettureita ja

hallitsemattomat uhrataan hyödyttöminä

Viktor Emanuelin haudalla turistin pelipaidassa luki Litmanen

Oikein tai väärin, leima pysyy

mutta kuole ei koskaan

kuninkaan ansaitsema hyvä nimi

La Mezquitan kultaisen kennokupolin alla,

punavalkoiset holvikivet näyttivät kaarevilta piparminttukarkeilta

joiden marmoripylväsviidakkoon oli upotettu

jaspis- ja onyksinokareita

Etnisyyden nahkaa kantaa kuolemaansa asti,

mutta uskonto on päällystakki

jonka voi kuuman paikan tullen riisua

Kauneuden lähteillä

moskeijan minareetti heijastuu

katedraalin kellotornina

Kauheuden tähteillä

toisen posken kääntäminen kerää kaunaa ja

silmä silmästä sokeuttaa koko maailman

Sulassa sovussa seinien koraanikatkelmien kanssa,

seuloi pyhä kristitty

kasukka päällä

hyvistä pakanat

Keskitysleirin takorautaportilla

valo ei antanut vastausta,

ainoastaan piikkilankaisen herruuden illuusion

jossa pimeyden puoli nielaisi kaiken henkäyksen

kirkuvaan polttouunikitaansa

Polski Fiatissa taksikuski kertoi iskuista World Trade Centeriin

Tekeekö valta ihmisistä pahoja

vai hakeutuuko valtaan pahoja ihmisiä?

Jos *Työ tekee vapaaksi*, joutenoloko orjuuttaa laiskaksi?

Kaasukammion ulkoseinässä tuoksui sammal

Syysauringon helottaessa poskipäihin,

ajatus juoksi kuin vilkas virta, jota holokaustissa

ruumiiden tuhkalla ruokittiin

Birkenaun metsässä ei yksikään lintu laulanut

eikä toivon kasvoja unohda ikinä

Ei ikinä.

Pronssiväriin maalattu performanssitaiteilija

patsasteli Kaarlensillan pyhimyksiä pilkaten ja

tulevan onnen toiveet

aaltoilivat jonossa virtanaan

piispa Nepomukia koskettamaan

Raatihuoneen astronominen kellopeli säksätti apostolisen leikkinsä

enkä aikaa katsoessani ymmärtänyt vielä puoltakaan

silmäluomeni takaista miestä

Vanhankaupungin aukiolla klarinettibändi ja

repertuaarissaan Crash Test Dummies

kolaroi mukulakivikaikuna

ametisti-

nistin hippihuopaan

Pilssivesitynnyreillä jorasi jokilaivan puuskajuoppo:

"Parempi kuolla seisten kuin elää polvillaan!"

Becherovkan rytmi oli veressä

Veressä hyytymiä

Saladinin linnoituksessa piasterin kolikolla oli kaksi puolta

Jokaisen vapaustaistelijan sankaruutta

korosti jokaisen terroristin petturuus

Ei synnyinmaassa asu totuus, vaan sydämessä

Siksi eivät suurimmat halua johtaa, he saavat kutsun ja

vastaavat siihen teoillaan

Mutta arvaamattomimpia ovat jumalten nimiin vannovat

Heitä ohjaa yhden kortin identiteetti,

näköalattomuutta kylväen ja

determinismiä niittäen

Mamelukkien veri oli kierouden perintö

Khan el-Khalilissa kuhisivat hourupäiset termiitit ja

Tahririn aukion trafiikista kirskui kalabaliikki

Jos iltauutisten aikaan

tämän maan hallitus vakuuttaisi pysymään rauhallisena

olisi parasta ostaa kivääri ja patruunat

Wall Streetin metrotunnelin nielussa

sekoittuivat Giorgio Armani ja kusinen makuupussi

kun impulssien orjana pyyhälsi pörssimeklari

ohi kyyrylymyävän

kodittoman

5th Avenuella kahvilan nimessä "Tähtitaala" ja

tarjoilijan yritysstrategisessa hymyssä

hampaat kuin hopeavetoketju

Auttaako taloudellinen riippuvuus pysymään

älyllisesti riippumattomana

vai pitääkö äly kytkeä tunteeseen?

Mitä enemmän rahaa tekee, eikö sitä enemmän

sen menettämistä murehdi?

Broadwayltä ostin kahdet yhden hinnalla ja kolme puolet halvemmalla

Ei idealismilla elä, mutta onneksi voi aina syödä

periaatteet

4

"Relax! Said the night man

We are programmed to receive

You can check out any time you like

But you can never leave..."

- Don Henley & Glenn Frey ♫ 

"Hotel California" | Hotel California (1976)

Osa otaksuu yhteishuoltajuuden vuoroviikoista

että yksinoloviikonloppu vähän väliä

sylityksin

koloviikonhoppu

Toiset tuputtamassa heti väljemmille vesille

vaan raskassoutuista on kirkkoveneellä käynti

Saamattomuudessa lepää syy ja seuraus

Terapiavaihtoehtona

bongaan lintuaiheisia omavalvontasuunnitelmia:

WC-Ankkaa pyttyyn, kanankakkaa marjapuskille ja

kalkkunarullaa uuniin

Yhteishyvän artikkelissa puutarhanhoito

lietsoo mielen liikkeelle ja kannustaa huokeaan

ulkoiluun

Pihalla kaikuu kipityksen tohina

Pitkin tontinrajaa

kiinteistövero juoksee

TEE SE ITSESÄÄLI

Vaikka merkkejä leijuu ilmassa,

silmänsä ummistaa usein tahtomattaan

kunnes ohuet arkiset huomiot nivoutuvat totuudeksi

jota on kitkerää hyväksyä

Yhdessä hujauksessa pronominit käyvät sissisotaa ja

liittopolitiikka sekasotkuuntuu

Lopulta monikon ensimmäinen persoona riutuu

yksikön ensimmäiseksi ja

epävakaana parku karkaa

Ei ole vaikeaa muistaa lommot

mutta kolhuja

on paha unohtaa

Sellaisia te kolme omiani olette, ikuisesti ja aina

Koskaan ei tule samanveroista, vielä vähemmän parempaa

Muistan kuinka

ensimmäisenä vuosipäivänänne valokuvaamossa...

...etsimme osoitetta virnistykseen

kunnes saippuakuplat lumosivat silmiisi pyhän välkkeen

Kymmenen vuotta myöhemmin sait hymytyttöpatsaan

...etsimme syvällisyyttä juhlavuuteen

kun sinussa Hangon Keksi oli saanut vertaisensa liittolaisen

Kymmenen vuotta myöhemmin sait hymypoikapatsaan

...etsimme tyyneyttä sykkeeseen

kun ronskisti taoit peltirummusta kalvon puhki

Kymmenen vuotta myöhemmin,

saatkohan rymypoikapatsaan?

KURTISAANIN KLAANI

Kaikista pettureista

muisto on tekijänä herttaisin

Se maalaa taulun, jossa värien sävyt eivät riitele

Se seuloo harha-asetelmat perspektiiviin

Se siivilöi olennaisen kiinni tarinan syrjään

Se arpeuttaa pehmeäksi kovat kokemukset

Muistin alati pettäessä

heitämme kiimassa lisää löylyä

eikä valikoitu totuus

pala kiukaankaan tulessa

Ei ollut ennen paremmin

mutta jo entuudestaan uskottelemme niin

Viattomuus on tähtipölyä

Mieli menneen ajan huora

Futiksen EM-kisahuumassa

hankin takapihan vihreälle veralle

jalkapallokroketin

Jälkikasvua valmensin isällisesti ja mestarin elkein:

Kärkipotku ei ole järkipotku

Sisäterässä sen salaisuus

Sisäsyrjällä läpi portin

Huomenna yhteishuoltajuuden vaihtoruletti ja

perään pehmeä kosketus

Jälkikasvua varmensin vaitonaisesti, tyhjin palkein:

Viikon paitsioansaan

on filmaaminen sallittu

Kesäterässä sijoittuminen

Sydän syrjällään

läpi kotiportin

ELINKAARI

Kun aika valuu kiimalasissa,

etunojapunnerrukset kasvavat seikoiksi

joita tekee ihan varta vasten

tietääkseen

että on edes joku lihas

joka voi jäykkyydestä puutua araksi

Kun kohtalo kunnolla testaa,

kaikki me olemme kertakäyttöisiä

Liiaksi otan itsestäänselvyytenä sen

että aina sinä pärjäät

vaikka pitäisi kysyä

miten sinä jaksat

Omani ovat kädet, kasvot ja mieli,

ajatukset tekoja täynnä

mutta yhtä mittaa

viimeiseen henkäykseen asti

minä olen sinun

Jos reunalta hyppäisit

en pudottautuisi perään

Ottaisin alhaalla kiinni

Peltoniityllä päiväperhot ajelehtivat puna-apiloista huumaantuneina

Suven yllä velloo siipien sävyisä myllerrys

Lämmön ulottuessa jokaiseen värekarvaan,

säntillinen ahkeruus solahtaa juopponappiin

Joutilaisuus on äkkiä tilaisuus, jossa vapaus peilautuu kahtena:

On vapautta jostakin

On vapautta johonkin

Lonkkavikaisen pallogrillin keno

pilaa muurinpohjaletusta pitsireunuksen

Klapikasassa pörrää pirunpuntari

Sydänkesällä kohtalo lepää helteen varrella,

liftaten odottaa ohikulkijaa

Syyskuussa takapihalla voi sienestää

Lakit vinossa

nurminahikkaat notkuvat noidankehän

kuin piirissä varoittaen

ettei itsestään jatkuva vaikeutuva tila

ole arkea kummoisempaa

Rauduskoivu riisuu krokanttikuorrutuksensa ja

aivan kuten helmipakkasilla,

puutarhassa kukkivat parhaiten

purppuraiset muovijasmiinit

Yritän kehittyä löytämään vahvuuteni

Sen jo tiedän, ettei hyville asioille ole

huonoja hetkiä

Leikkimökin kuistilla loikoo naakansulka

Omilla säännöillä

pasianssi menee taas läpi

MUUTOKSEN VÄRI

Kotiseudulle ajaessani innostun intonaatiosta ja

kuin tutun koirarodun murahdusta kaipaillen,

kytken päälle auton navigaattorista

Turun murre -asetuksen

Perillä pettymys on keltainen, aina vuodenaikoihin sidottu:

Toukokuu näyttää peltilehmän konepellillä siitepölyn

Kesän voikukat vaihtuvat syksyn variseviin lehtiin

Lumipenkasta säteilevät piskien kusirannut

Elämä on erinäköistä, mutta saman makuista

Takaisin kotiin ajaessani GPS on hiljaa

Hokea pitäisi:

"Elä ennen kuin kuolet!"

5

"My spirit is winging

My soul is free

I'm doing my drinking

In good company..."

- Mick Jagger ♫

"Hearts For Sale" | Steel Wheels (1989)

Jämäiltoina

ryystän nautiskellen vanhat pullonpohjat

Juhlistan vähistä osista rumpukokonaisuuksia

Kepeä lakkalikööri saa rytmin liikkeelle

Luumuviina tuo piukan puristusotteen ja

armanjakki aloittaa soolon, jonka absintti

lopulta lopettaa

Aikoinaan kaupungissa seinänaapurit protestoivat, kolisuttivat

takaisin lämpöpatteriin

Tahdittomuus vitutti

Nykyään maalla törkkäävät kostoksi päälle linnunkarkottimen

Eksoottinen rääkyminen tilkitsee sattumanvaraisesti atmösfäärin

luonnollisella peloteaarialla

kymmenen sekunnin välein

Ei vituta

Räkätit jättävät herukat rauhaan

KVARTAALISVENGI

Toisinaan vapaudessa on parasta

olla oman terveytensä suhteen holtiton

Ruisviskin jälkeen häipyvät housut ja häpeä

Ryhti on väärä, mutta huuto suora

Maaseudun etäisyyksistä huolimatta

ilahdutan naapureita sisällökkäällä sävelkululla

Paljussa pauhaan potpureita

Peuhaan läpi vuodenaikojen hitit

Västäräkki keikistelee tunnelmoiden

Viskisieppona tähtään lentosuukoin

Ilon tulituksessa

virvon vappuhuiskulla juhannustaikoja

Ei vaatimattomuus kaunista, tylsäksi tekee

Rakkauteni on isoja liikeratoja, muodokasta runsautta ja

lieskan värejä

Pidä siinä sitten

kynttilää vakan alla

kun kerta toisensa jälkeen

pärekorin kansi palaa

SIPOON LINNUT

(OPUS)

Sepelkyyhkyn kumea huhuilu *(a capella)*

siveli haarapääskyjen kimakat syöksyt *(pizzicato)*

Sellaisesta kesäkomediasta Aristofanes olisi ollut kateellinen *(a prima vista)*

Tarinoita ei tarvinnut keksiä, riitti kun kurkistimme *(spiritoso)*

muistojen toilailuihin *(molto)*

Kurkien trumpettitörähdykset soivat elinikäisen parisuhteen *(amoroso)*

Elämämme suossa *(crescendo)*

ei siihen ollut pystynyt meistä kumpikaan *(apassionato)*

Periksiantamaton näyttämisen halu oli synnyttänyt sävelet *(staccato)*

Illan valuessa kiikun kaakun *(vivace)*

tai ainakin heikun keikun *(festivo)*

vain koiraskäet kukkuivat *(maestoso)*

Ukkometsot paljastivat kauniin itkun *(pianissimo)*

Juhannuksen paluuliikenteessä kulminoituu uppiniskaisuus

Ennen tervehtivät Mersukuskit toisiaan, nykyään persukuskit

keskisormillaan

Ratin takana typeryyttä ei pidä aliarvioida

Ohittelijan itsepäisyys on tyhmyyden muoto

jossa erheellinen sinnikkyys täyttää katkeruuden maljan

Kiire siittää pakkosyklin:

Kokon äärellä huolenaiheet palavat

Aamukrapulassa murheen vaiheet palaavat

Tiellä tuhat tulijaa, paino sanalla tiellä

Risteyksessä täytyy hiljentää

Lapsia kadulla

Muttei yhtään ylimääräistä

MELAVELJET I (TAMPERE 1.10.2021)

Vapauden yössä miesten historiaa ei kirjoiteta sattuman varassa

eikä kokemusta voi ostaa

Olutta kyllä

ja kun yhdessä köytenä kiskoo,

yhteen punotut säikeet

muuttuvat elämänlangaksi

joita ei tarvitse korupuheilla voidella

Aivojen energiahalauksessa

henkinen voimansiirto ja vetolujuus kasvavat

Kestosta väkevöityy pysyvyys

Lehdestä luin alkoholista vapautumisen reseptin

Kun huomaa tämän olevan sekä nähty että koettu

kykenee ilman sitä olemaan

itse

koko show'n kapellimestarina

Tiedonjanoisina luonteina

tykkäämme kuitenkin vielä katsella ja kuunnella, nauttia

täysin riennoin

yhdessä

kunnon konsertista

SOINTUKYLPY

Olen löytänyt äänimaljahoidon

Värähtelyt syvärentouttavat kehon ja mielen

Resonointi saavuttaa alueet, minne sormenpäät eivät yllä

Kulho jyväviskikaakaota herkistää volyymin

Kova oma laulu saa luonnon varpaisilleen

Paljasjalkaisuus on syntyperäisyyttä

Solutasolla

tapahtuu uudistuminen

Kun ottaa napanderin silloin tällöin,

pysyy terveiden kirjastoissa

Tarinaa tulee ja

kuin paljain jaloin liian kuumilla kaakeleilla

immuunijärjestelmä tanssii tentterehtien

Alkosolut nielevät sisäänsä aran ja häveliään

Kostean illan virkku on

aamun

kuiva kurkku

Vuolaasti olit taas kaveri

mukiinmenevä

Biologian tunnilla käsittelemme tänään elintärkeätä asiaa. Sukupuutto koskettaa meitä jokaista. Jos ihmiskunta ei kykene muuttamaan globaalia käyttäytymismalliaan, useat eläimet tulevat tulevaisuudessa katoamaan maapallon monimuotoisesta lajikirjosta kokonaan.

Kun väestö kerskakuluttaa, luonnon toimintaedellytykset muuttuvat. Hyppysellinen saituruutta ei olisikaan ihmiselle pahitteeksi. Nuuka ei koskaan heitä hyvää tavaraa pois. Ei edes avioerossa exän jälkeen jäänyttä kosmetiikkaa.

Ajattelin, että käytän salavihkaa itse pois. Aluksi lueskelin varovaisesti pitkulaisten pullojen ja suikelotuubien sisältöjä. Äkkiä tunne kihosi varpaista ohimolohkoihin. Sisäinen naiseus telkesi ulkoisen miehekkyyden. Vetreä estrogeeni selätti jäykän testosteronin. "Fauna – Villi eläinmaailmasta" tarkistin helpottuneena, että värikäs kauneus on lähes aina urosten etuoikeus.

Naaraat ovat kautta rantain olleet kehitysopillinen arvoitus. Uroksista tiedän kaiken. Kohtuulliset ovat kaltaisiani, kohdulliset usein kiistanalaisia. Uskaltautuakseni ristiretkelle hedelmöittävästä hedelmöittyväksi, tarvitsin nesteen nostattavaa voimaa.

Tsekkipilsnerillä ja kiinteyttävällä päivävoiteella iho notkistui sametin temmellyskentäksi. Savulagerin jälkeen huulikiilto kimmelsi tähtisateena. Imperial Pale Ale ja kynsilakka sävyttivät sormiin Maranellon-punaisen dipin. Kermastout sai ripsivärin hehkumaan kohtalokkaana ja tunnelmasta kasvoi tumman yön sointu. Hedelmälambec rohkaisi sivelemään silmänympärysseerumin. Varjot katosivat. Valon kajo täytti luonteen.

Lontoonporter kohotti luomivärin kera kaunistumisen kiimaa. Premium bitter haki kulmakynästä aistikkaan särmän. Suodattamaton vehnä kehräsi vierelleen peitepuikon. Terävät piirteet sumenivat pehmeään mattaan. Virheet katosivat. Tuplapukki kuiskasi kaverikseen puuterihuiskun. Kosketus kiihotti ja möyheä hyväntahtoisuus turrutti mielen.

Rakkaat oppilaat! Maailman harvinaisin eläin ei ole Cincinnatin eläintarhan sumatransarvikuono. Se ei ole Hanoin apinatalon indokiinangibboni. Eikä se ole Taipein uhanalaisinstituutin kiinanmuurahaiskäpy. Kun trappistin jälkeen sammuu ja kasvomaski jää pesemättä, aamun karheus näyttää vessan peilistä universumin uhanalaisimman nisäkkään.

Se on tärisevin tassuin ruosteiseen raastinrautaan sivelty, tuulitunneliin törmännyt albiinonaali.

STOP RACISM
I HAVE MIXED DRINKS ABOUT FEELINGS
Are you drunk?
☐ Yes
☐ No
✗

6 "WINTERTIME WINDS
BLUE AND FREEZIN'
COMIN' FROM NORTHERN STORMS IN THE SEA
LOVE HAS BEEN LOST, IS THAT THE REASON?
TRYING DESPERATELY TO BE FREE..."

\- Jim Morrison ♫ 

"Wintertime Love" | Waiting For The Sun (1968)

Vaikka kiihtymyksen sanat

kumpuavat usein kiintymyksestä,

ei ole olemassa ihmistä

joka tuntee toisen sydämen salat

Leikin tulella

Millä tuulella huomenna tulet?

Kädet ristin

ettet kädet ristissä rinnan päällä

Kynttilä savuttaa

Riittää puuska mitätönkin

sammuttamaan hehkuvan liekin

POLAARIYÖ

Syysmustan asfaltin ahmiessa kuolevat valohiput,

pimeänäkö ja herkkyys

jalostavat melankoliaa arvokkaammaksi

Olossa on oiva ammentaa, mutta vaarallista rypeä

Lehtipuiden striptease paljastaa alastoman näköalan

Esteettömyys aikaansaa synkkää avarakatseisuutta

Äkkiä rakkaudenkaipuu on vankkarakenteinen peto,

teroittaen leijonankyntensä epätoivoiseen iskuun

Tovin kaikesta hätääntyneenä

värmemieli orpoutuu ja

kuin kaikkoavina siiveniskuina

lämpö karkaa harakoille

Jotta sinä voit jatkaa liitoa uusin siivin,

haluat kertaheitolla vasta tehdyn ympäristön,

heti perille ja kaiken priimakuntoon,

tiptop-häkille kiiltävät reunat

Jotta minä voin edes kuvitella lentäväni,

haluan entisen pysyvyyden,

talvehtia melankoliassa ja tonkia nokallani

nuhjupolkuja

joissa ikuinen keskeneräisyys näyttää puuhastelulle

mielekkäänä repsottavan suunnan

Niin me toisistamme eroamme

Erosimme.

TALVI TULEE – MINÄ EN!

Nurmikolle liiskaantuneet lehdet ja

postilaatikosta painomusteena varisseet

muistuttavat alati siitä

että syntyäkseen uudelleen

välillä täytyy kuolla

Yksinäisyyttä vastaan taistellessa

yhteys itseensä katoaa

Kun yksinäisyyteen viimein suostuu, se päästää irti

Halla huurtaa sammalpolulle harsoläikkiä

Palleroporonjäkälä ei enää murene askelten alla

Näinä vuodenaikoina istutan onnen siemeniä

piikkien sekaan ja

kuokin kohtaloa

tahto kynnenalusmultaa täynnä

Järvenselällä tuikkii tuulastaja

Tuimaan seilaa valokeila

Vuosi toisensa perään

levottomuus sisälläni kasvaa ja

kärsimättömyys kipristää nivelet

yliherkiksi tapahtumaköyhyydelle

En minä tiedä rakastanko tätä paikkaa

mutta se on parempi minun ollessani täällä

Vaikka sylkykuppina kosketusta vailla,

karhunvatukoiden villiintyessä

rempseys tarttuu pihkan lailla

Pujo puhkoo pientareen, siankärsämö sohlaa puutarhaa ja

nurminata nujuaa ulos tontilta

Jos osaisin kivutta kasvaa,

uskaltaisinko minäkin rikkoa rajoja?

Kuin hapan, paksunahkainen ja piikikäs,

talon eteläseinustalla improvisoivat tyrnit

peilikuvaa

ABSURDI EPÄSOINTU

Yltiöpäisesti kunnostan, korjaan ja kohennan

Olen löytänyt ulkoisen ratkaisun sisäiseen ongelmaan

Pakenen yksinäisyyttä pihanurkkiin, niitä vimmalla säätäen

Itseäni rujosti keinoruokin

Onko omistamallani väliä, jos merkitys puuttuu?

Jos tarkoituksen vie ihmiseltä pois,

eikö olemus sen mukana katoa?

Oman sortoni arkkitehtina

piirrän ihmissuhteistani miellekarttaa

Tulevaisuuden seuralaiselleni kirjoitan:

Jos minä en paljastu sellaiseksi miksi minua luulet,

rakastatko sitten sitä joksi osoittaudun?

Mansardipalatsissani olen kahden kerroksen väkeä

Yhden mieheni lattia on toisen mieheni katto

Välistä vaellamme ajassa

yksissä tuumin hylkiöinä

Välistä vaalimme nuoruutta

liian vahvoina haaveina

Sattuman sopiessa suutuntumaan

lisäämme sokkeloihimme käytäviä

Yhden mieheni haukku on ulvova dobermanni

Toisen mieheni puraisu

jonkin sortin Tabermanni

KOLKKO KOLKKA

Kanaverkot kaltereinaan

miettivät hevoskastanjaistukkaat tekosiaan

ja ensilumesta pörhöllään

riekkuu

kellotapulin varisnaakkaharakka

Kipu on välttämätöntä

mutta kärsimys valinnaista

Siinä missä epävirettä

on vaikea paeta,

voimaantuminen vaatii kärsivällisyyttä

Jos seuraa jokaista unelmaansa,

takuulla eksyy

Halkopinon välistä väriloistaa

perhosten hautausmaa

Lähtösi jälkeen vanhassa mansarditalossa kaikuu

yksinpuhumisen elohiiri

ja jahti päällä

naapurin kollikissa mouruaa

Pirs<u>katti</u> soikoon!

Tämäkin täällä nurkuu

ettei kipuaan voi kätkeä naamion alle

Ikävä laahaa mukana

mustana

repaleisena aukkona

Piilossa ei pysty parantumaan

Arjen särö vaikeroi

Haavat tarvitsevat ilmaa

ON HYVÄ NÄIN (MAMI † 26.8.2021)

Kohtalo purkaa elämänlankaa,

punoo päälle lohtuharson

Hyveen yhteyteen, aika ajaton

kolhut viimein parantaa

Sallimus liikkuu oikkuineen,

empien askel elonhorjujan

Nuku unta värinkantaja,

lepata enkelivalo

Kuule tähtisointi kuulas,

raota ulottuvuuden verho

Matkallesi taivaanrantaan,

sulan piilotan hirren halkeamaan

"MY SOUL IS PAINTED LIKE THE WINGS OF BUTTERFLIES

FAIRY TALES OF YESTERDAY WILL GROW BUT NEVER DIE

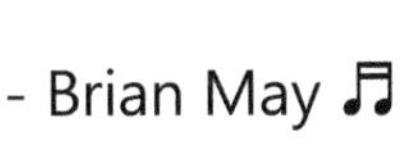

I CAN FLY MY FRIENDS

THE SHOW MUST GO ON..."

- Brian May ♫ 

"The Show Must Go On" | Innuendo (1991)

Lomalla huomaa valon leikin

Siirtolohkareen päältä meri peilaa ikuisuuden

Istuessa aika seisoo, sulautuu tyyni tuuditus

Päivien syvänteissä

toisten omistamana olen ponnistanut pinnistäen

kuin kaleeriorjana sukellusvenettä soutaen

Kiven pinnalla keksin itselleni

suureen ääneen

prameita horoskooppeja

Kerron kohtaloni, suureen tulon

Innolla annan elämän viedä, positiivisesti

protokolla hunningolla

Tauotta tuuliajolla

hupelo

optimistijolla

SEMIKUKINTO

Olen mieltynyt ajatukseen, että hallitsen kohtaloa

vaikka enemmän elämääni muovaavat

muitten ihmisten valinnat

Hevoskastanjan kahisevassa kainalossa

voitelen odotukset viinillä,

otan naurun naftaliinista ja

hekotan hetket hurmahengiksi

En katko innostuksen tähkäpäitä

En hukkaa sisun siemenperunoita

Kallioimarre näkötornina tukkimiehentäillä

Käkkärämännyn käpyjä metsäuralla

Rusahdellen

elämänpolku taimettuu

Vain sydänkäpy puuttuu

Ero sirpaloi minäkuvaa

Siedän pirstaleet, koska ilman vaikeuksia

orastan vain osatotuutena

Päättäessäni pitää entisen kotimme,

sinne piti muuttaa uudelleen

Siirtelin vanhoja tavaroita uusiin kasvupaikkoihin

Täytin autioituneita nurkkia autotallin ylijäämäkrääsällä

Vasta löytäessäni tiesin, mitä olin etsimässä

Taloa täydentäessä täydensin itseäni

Tahdosta vakuuttuneena taistelin tanssien

Pyykkinarulla vaatteet nostavat tuulessa hihojaan

Minä en antaudu

Vaikka säpäleiksi tai kahtia,

tyriminen ei määritä minuuteni mahtia

Sirpaleet tuovat onnea

KOSMOKSEN HELMI

Harvoin voi jatkaa matkaa katsomatta taakseen

Hetket muistavat sinut

vaikka sinä et hetkiä

Asiat, joita pitää oikeina,

alkavat ajan saatossa sulaa ja vääristyä,

muuttaa muotoaan

kunnes sielun sairastuessa

oma muokattavuus riutuu heikkoudeksi

Kohtalolle hoen huonoa tuuria

Hengähdystauolla ryhmittäydyn uudelleen

Järjestäytyneeksi kokonaisuudeksi kasvan kerroksittain

Yksilö on aina ainutlaatuinen

Aarre innostaa alati löytäjää

Hymytär, joka raottaa lempeyden portin,

tihkuu kantajastaan sopusoinnun pilkkeinä

Ole lento, onnen olento

Kanssani kerta toisensa perään

Kerta kanssani, älä toisten perään

Sisällökäs olisin, sekasotkusi

onnenpotkusta salaa haaveillen

Valtiatar, joka myötäelää viehkeällä sydämellä,

kukoistaa mielihyvän lähettiläänä

Tuikkeesi mosaiikki tärvelee varjojen nattaa

Mielikuvan kirkkauteen kaipaan valovoimaa

Lumonlouhijana vireestäsi väreilen

Lahjavero ei ollut vielä langennut maksettavaksi

vaikka suuri päätös oli pantu toimeen jo viime syksynä

Saaren yhteysalus yhdisti meidät edelleen samalla tapaa

Nyt vain nuorempi sukupolvi saapui ensimmäistä kertaa omalle mökilleen

Terassin kaiteet saivat puhdetyönä Tikkurilan väriviitan

Virvelin siima oli vähän väliä sykkyrässä, niin kuin hetkessä

kirkkain onni kokoon käpertyneenä

Yhdessä jännitimme, navigoiko merituuli sinilevän kapteenina

Paarmat eivät latistaneet lasten pärskivää iloa, ei heleää herkkyyttä

Hankkimanne suppilauta ja kumivene olivat nappiostoksia

Nauroin, kun ette enää iältänne kuulleet sirkkojen siritystä kalliomännyissä

Ennen nukkumaanmenoa virityin vanhemmuuden iättömyyteen

Jälkikasvun tuhistessa toistensa kainaloissa, otin tyynyliinaan kyynelkoppeja

Lempeän hellekesän kaikkoaminen hukkaisi hellän kauneuden

Kohta kiire kattaisi jälleen elämän kilpajuoksun

Kuulostanne viis, näkisittepä edes

Kun kilpajuoksua sekin tulisi olemaan,

tarttuisivatko muksut ensin maailman syrjään kiinni

vai te taivaan vuoronumeroon

Kesän paahde oli värjännyt mustikanvarvut ruosteisiksi

Syksyn pimeyttä varten teimme sytytysnyyttejä kuolleen näreikön muruista

Ahkeroimme kekomuurahaisten tavoin

Laskimme verkot ja myöhemmin niistä pulskat ahvenet

Valuraudalla fileet tirisivät myrskyn voisilmässä

Älysimme, ettei aitoa ja todellista voi korvata

Varastoon emme voi tulevaa tallettaa

Kaipuumme sousi kuuntelemaan lokkien keskusteluja

Joutsenperheellä näimme neljä rumaa ankanpoikasta

Kamikaze-tiira rikkoi meren peilityynen

Poukamassa aamutihku valutti poppeleista sademetsän

Minä muistin Kierkegaardin, kuinka elämän ymmärrämme taaksepäin

vaikka kulkea pitäisi pelotta eteenpäin

Omiani päälle sepitin, kuinka mysteeri ei ole se mistä tulemme

vaan se minne me lopulta menemme

Sisäinen sointu ympäröi meidät, sopu lepäsi sateenkaaren parvella

Sillä tavalla häikäisi, että isokoskelo näytti tulevan auringosta

Siluettinsa loisti mustareunaisena

Yhdessäolo oli vapaaksi julistettu

Harmonia hehkui puhtaanvalkoisena

JOS VIELÄ OOT VAPAA

Rantakallion kuumaa hehkua kainostellen,

kissanminttu kiipeää säletikkaissa ja

köynnössulhostaan haaveillen

hentona taipuu

merituulitanssiin

Ei minulla täällä ole monopolia

mutta sanotaanko

että hallitseva kiinnostus

elämisen autuuteen

Takkuuntuneessa saaristomännyssä tikka nakuttaa radiolle

Laulun kuulto keinuu laineilla

Terävä on tahti, aalloilla iskelmöivät Toivo ja palo

Kärkiä kaikki tyynni

Sinusta murua havittelen, tuhmuuksiakin kuvittelen

Sanat eivät lopu kesken, eivät riitä kertomaan

kuinka tukehdutan turhan puheen

katseeseen kaihoisaan

Mieleeni kuvakirjoitan

seitsemän taivaan fantasiaa, sadeliejutanssiin

yhteenkierrän sulaneet kehot, lipaisut

vaientavat tarpeettomat vuorosanat

Huulilla tatuoimme tahdon,

ihopeitteen poimuihin nautinnonhalun

Kosketukseen huudan toiveikkuuden

ettei kaipaukseni muita kaunistaisi,

jottet tähdeksi toisen taivaalle

Napanuoralla sinut sitoisin,

umpisolmuun uhkarohkeaan

Hellästi riistäisin vapauden,

rusetiksi rakkauteen

VALOPILKKU

Ei kukaan ole immuuni tunteille

Sirpaleisuus on ristituleen joutunut tietoisuus,

sallien silkasta tottumuksesta itselleen kärsimyksen ja

näkemättä väsyneenä

että jopa turhuudessa asuu toivo

joka etäisyyksienkin päästä

valjastettavaksi valkenee

Osoitettu suosio kätköstä tiedon ja taidon

Pelastus peitosta opin

Anteeksiantava rakkaus taustalta ymmärtämisen

Suopeuden vahvistaa elämys

Laupeuden varmistaa tuntemus

Armon takaa kokemus

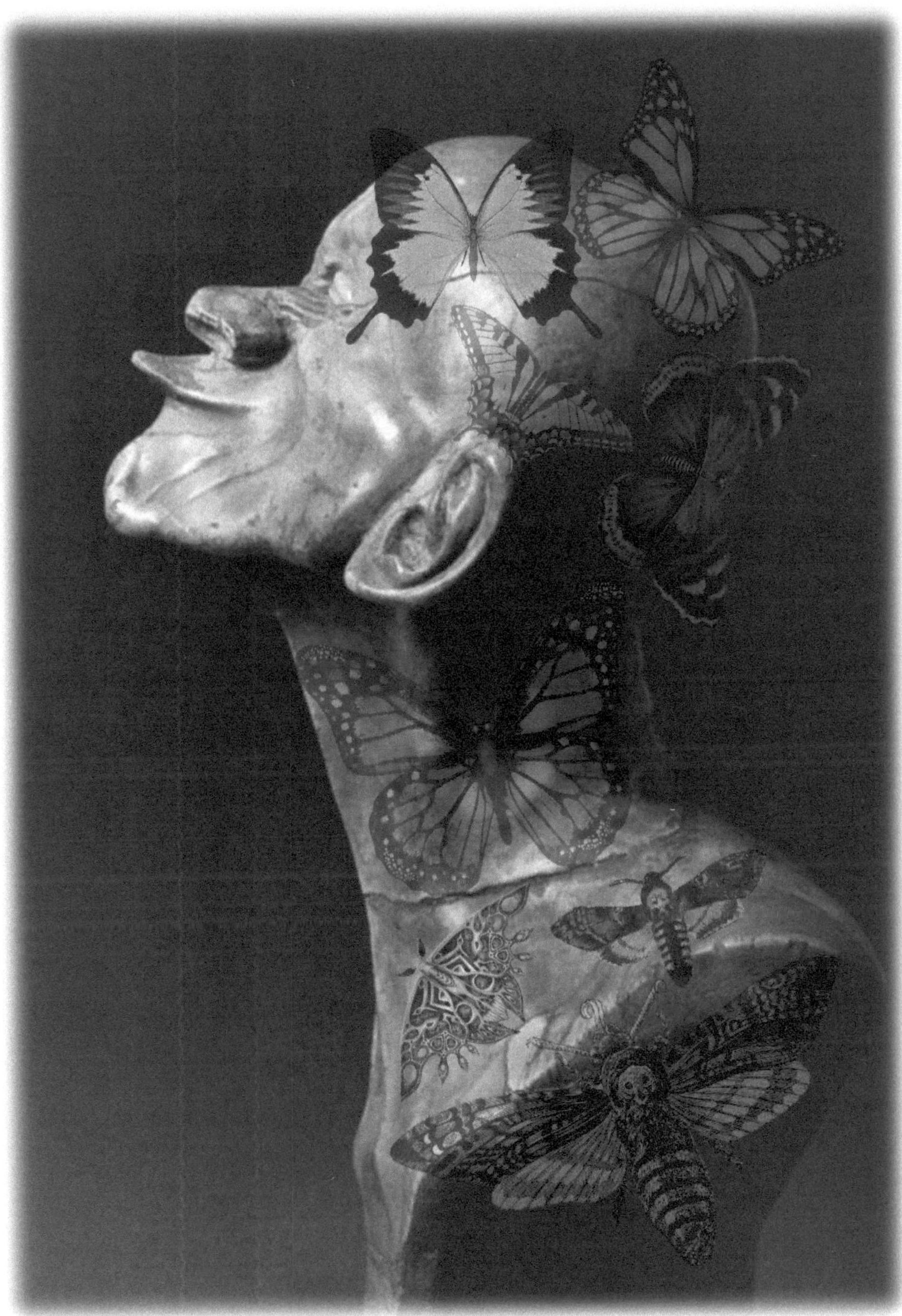

SISÄLLYS

ARMON TAKAA KOKEMUS

❶ SCHOOL'S OUT

❷ THE SEEKER